Dennys Garcés Rosendo

El lenguaje del amor

El lenguaje del amor
© Dennys Garcés Rosendo
© Editorial Giraluna
Primera edición: 2022
Derechos Reservados

Edición al cuidado de:
Rey D' Linares
reydlinares69@gmail.com

Diseño de la portada:
Carolina Linares
artesgraficas20042009@gmail.com

Publicado en Venezuela por:
Editorial Giraluna Latinoamericana
J-29614384-6
editorialgiraluna2008@gmail.com
Teléfono: (+58) 0212-524.25.33
www.editorialgirasolunala.blogspot.com

Depósito Legal: DC2022000469

Comercializado **por: Amazon.com**

El poemario *El lenguaje del amor*, es un compendio de poemas que agrupan las reflexiones que desde muy niño el poeta ha realizado acerca de la mujer, los hijos, la madre y en fin, todos los aspectos de la vida que a la larga se convierten en bellas reflexiones que un soñador ordena en versos con la única intención de incitar a la reflexión a los que el tiempo convierta en mis lectores.

ALLÁ ENTRE EL TIGRIS Y EL EUFRATES

Por qué no les das escuelas
en vez de darle misiles,
por qué a sus marzos y abriles
les quitas la primavera,
por qué si en la tierra entera
cabe tanto hijo de Dios,
abres la boca y tu voz
destruye pueblos enteros,
por qué oscureces su cielo
con bombas inteligentes,
ser niño en el medio oriente
no es pecado ni es delito,
me los haces angelitos
antes de que se hagan hombres,
hay madres que a su hijo esconden
cubriéndolo en su regazo
y allí se lo hacen pedazos
las bombas que tú ordenaste,
al padre se los mataste
en el bombardeo de anoche,
gente que tú ni conoces
y los cubres con tu odio,
por qué el olor a petróleo
parece que envenenara,
El Tigris se vuelve lágrima
inmensa sobre el desierto,
el Éufrates lleva muertos
en vez de agua en su cauce
¿Qué apetitos tan voraces
se sacian con tu locura?
Estás bombardeando cunas
y reventando teteros,
incendiando los te quieros
en las plazas y en los parques

hasta el perro que mataste
tenía dueño y aún lo llora,
perdóname usted señora
pero este misil es suyo,
¿Por qué no le das capullos
que se conviertan en rosas?
¿Por qué la paz no se posa
casi nunca en el desierto?
O será que aquel precepto
de amaos unos a otros
fue dicho por algún loco
para que no le hagan caso,
o será que aquel abrazo
que él le daba a sus discípulos

Murió ese día en que a Cristo
en esa cruz lo clavaron
o es que el clavo de sus manos
aquella tarde bendita
no le dio al que necesita,
el amor que el pregonaba.
la tierra está anonadada
le duele el cercano oriente,
de polo a polo se siente
el grito de no a la guerra
si no te duele esta tierra
que con tu odio asesinas,
si no duele tanta vida
tendida de cara al sol
si no duele la canción
que con amor ya no rima
ni la iglesia destruida,
ni la fe, ni la oración,
por lo menos piensa en Dios
que llora sobre las ruinas.

AL PIE DE LA MONTAÑA

Al pie de la montaña
nadie habla de juguetes,
hay niños que no sienten
la esperanza bajar,
nadie nombra la escuela
y hay niños impacientes
por esas cuatro letras
que tú conoces ya.

Al pie de la montaña
el sol baña un sombrero,
un niño sube el cerro
y un burro va tras él,
es tiempo de cosecha
y arriba estás el abuelo,
sudando sobre el manto
oscuro del café.

Al pie de la montaña
es hora del ordeño,
el niño va al potrero
y el burro marcha atrás
y Lencho el boticario
y Juancho el rezandero,
marcharon tras un burro
cuarenta años atrás.

De Sucre y de Bolívar
ni el nombre escuchará
la historia de su pueblo
nadie le contará
nunca sabrá su pago
ni sabrá su jornal
y marcharán dos burros
camino del corral.

AQUEL QUE NACIÓ EN BELÉN

Que aquel que nació en Belén
hace más de dos mil años,
el que condujo rebaños
por la senda de la fe,
aquel que nos dio a beber
el vino de su palabra,
el que nos dio cuerpo y alma
en la cruz en que moría,
bañe tu hogar de alegría
y lo envuelva en bendiciones.
Que ablande los corazones
que la vida ha endurecido
que convierta al enemigo
en manantial de dulzura,
que borre tanta locura
del mundo que el mismo ha hecho,
que al pobre me le dé un techo
que del sol me lo proteja,
que borre gritos de guerra
de este mundo en que vivimos,
que de la faz de la tierra
se lleve a tanto asesino
que por falsos idealismos
cercenan vidas ajenas,
como si la muerte fuera
un sacrificio divino
que destierre el terrorismo
que hoy destruye las naciones,
que bañe en mil bendiciones
a los que no tienen nada,
que a los hombres del mañana
que son los niños de hoy
les guie la voz de Dios
para que siempre los salve

del abandono de un padre,
de un hogar triste y marchito
de un amigo drogadicto
y de dormir en la calle,
que ese que nació en Belén
hace más de veinte siglos
nos de cada día un motivo
para admirarle su obra,
que cesen tantas maniobras
de quienes rigen el mundo,
que el joven vea en los estudios
la luz que guie sus pasos,
que aquel que te de un abrazo
con un abrazo le pagues.

Que no haya un hombre salvaje
que le levante la mano
a la mujer que le ha dado
la miel de sus dulces años,
que se adoren los hermanos
para alegría de las madres
que en cada flor que se abre
podamos oler a Dios,
que siga siendo el amor
el sentimiento más fuerte
y a casa de mis oyentes
siga llegando mi voz.

A TI MI PEQUEÑO AMIGO

A ti mi pequeño amigo
que aún con la luna afuera,
te ponen en la lonchera
una arepa y un batido,
a ti que medio dormido
devoras una escalera
sin saber si es que te lleva
o más bien si te ha traído,
a ti que Papá te dijo
anoche que te durmieras
porque seguro en la escuela
te ibas a quedar dormido,
otro sueño interrumpido
y esta vez era con ella,
con esa niña tan bella
que hoy también soñó contigo,
a ti que inventas bolsillos
para guardar tus quimeras,
una foto en tu cartera,
un rizo largo amarillo
o tal vez un estribillo
que la maestra en la escuela
te pidió que te aprendieras
y no te lo has aprendido
a ti mi pequeño amigo
que escondes una corneta
que suenas justo en la puerta
entreabierta del vecino,
esta noche yo te pido
que mantengas siempre abierta
esa mente de poeta
con la que todos nacimos,
a ti mi pequeño amigo
que por cosas del destino

hoy desayunaste angustias,
llevas la tristeza mustia
y el pantalón descocido,
tal vez no le halles sentido
mi pequeño cara sucia
a un locutor que tú escuchas
si hay algún radio encendido
allí donde hoy te ha vencido
el sueño de varios días,
amiguito, Dios te guía
él sabe que tú tenías
otro plan de lo vivido,
y un padre mal escogido
te puso el sello en la frente.

De soledad entre la gente
de la ausencia de un amigo
es por eso que te pido
por Dios, que entiendas que a veces
el abandono ennoblece
aunque nos duela el olvido,
es por eso que te pido
que entiendas que tus fronteras
Bolívar te las dio enteras
y que después las perdimos,
que cada estrofa del himno,
cada estrella en tu bandera,
cada pupitre en tu escuela
cada rosa en el camino,
cada pájaro en su nido,
cada gaviota que vuela,
cada soldado que vela
la tierra donde has nacido,
cada araguaney florido
cada granito de arena,
cada playa donde llega

un turista agradecido
te gritan, pequeño amigo
que naciste en Venezuela.

BESOS DIFERENTES

Me sabe a sal el sudor
de tus besos mi princesa,
a la sal con que el mar besa
la arena que hay en su playa,
sal de salinas de Araya,
que blanquea el horizonte,
me sabe a viento del norte
que trae sal del Caribe,
sabe a verso que se escribe
pensando en tu blanca frente,
a brisa que desde oriente
va besando nuestras costas,
beso que sabe a gaviotas
surcando el cielo infinito,
beso que sabe bonito
como rompiendo el ayuno
beso que huele a aceitunos,
olivos y pomarrosas
beso que sobre una rosa
es más rosa y es más beso,
beso del amor espeso
que a mí me inspira mi niña,
beso en la frente que brilla
como hay brillo en su inocencia,
beso del padre que piensa
en hijas que nunca hizo,
pero que el destino quiso
que adoptara su sonrisa,
beso que viaja en la brisa
y sabe a sal del verano,
beso de cien mil te amos
que se agolpan en la frente,
besos de tanto quererte,
besos de sal que destila,

besos de Dios te bendiga
que son besos diferentes.

CALLOS

Ese negro que camina
descalzo el cañaveral,
tiene un callo pa´la espina
tiene un callo pa´l tunal
tiene un callo en la garganta
que no lo deja gritar,
tiene un callito en el alma
que no se puede sacar.

Cuatro callos en la espalda
le dejó el conquistador,
dos callos para la carga,
dos callos del mandador
tiene un callo en la mejilla
de una mano de español
tiene un callo en la esperanza
y un callo en el corazón.

Ese blanco que camina
con aires de gran señor
tiene un callo en la barriga
donde abrocha un cinturón
tiene un callo más arriba
donde cuelga un medallón,
una estampita e´la virgen
pa´que lo perdone Dios.

Se vio un callo en el nudillo
que un diamante le dejó,
se vio un callo en la muñeca
cuando se quitó el reloj,
le hizo callos la corbata,
le hizo callos el paltó,
le hizo un gran callo en la mente
el negro y su rebelión.

CARTA A UNA HIJA QUE LA VIDA ME DIO

Querida hija.
tal vez te suene cursi lo que voy a decirte
pero la vida exige que te escriba esta carta,
Dios sabe que tu angustia a mí me pone triste
y si eres tú la triste, tu tristeza me mata.
Tal vez te suene cursi que el tipo que hace versos
y los dice por radio, adorándote tanto
jamás te escribió uno, hija, tu eres mi mundo
y el tenerte tan cerca, me despierta las ganas
de ser padre y amigo y adormece las ganas
de estúpido poeta.
Tal vez te suene cursi que yo te llame hija
cuando tú y yo sabemos que es otro el que te hizo,
pero la suerte quiso hacerme a mi testigo
de tus primeros pasos, de tus primeras letras,
de tus primeras gripes y primeras sonrisas,
de tus primeras lágrimas por notas que sacaste
y que consideraste que no eran merecidas,
del primer sostencito que mamá te comprara
o del primer granito en tu hermosa mejilla.
Y eso, mi hermosa niña que fue Dios quien lo hizo,
es bendición del cielo y es más que un compromiso.
Tal vez te suene cursi, te repito hija mía
que en tan inmenso mundo
tu mamá me escogiera para entrar en tu vida
y que tú me aceptaras como padre hija mía.
Discúlpame princesa, perdona que te escriba
pero cuando yo muera o te falten mis besos,
esta página triste en algún libro escondida
te dirá que hubo un hombre que se sembró en tu vida
para implorarle a Dios mi amor que mientras vivas,
donde quiera que estés...el señor te bendiga.

CLANDESTINOS

Cuando el amor es pecado
es rico, ser pecador,
te sientes dueño del sol
aunque el día esté nublado
suspiros disimulados
en un beso hacen espuma,
el olor a travesuras
se riega por todas partes,
hasta un simple chocolate
en su piel, nos sabe a gloria,
ella jamás fue tu novia
tampoco será tu esposa
los dos tienen muchas cosas
que los unen a otras vidas,
una mujer compartida
sabe a ausencia cada noche
en dos camas se descose
en dos casas se reparte,
los placeres de una amante
son luces intermitentes,
que no lo sepa la gente,
por Dios, que nadie nos vea,
cada encuentro es odisea
en lugares clandestinos
y cuando ya te has bebido
el néctar de esa locura,
cuando ya en esa cintura
no hay lugar para tu brazo,
cuando ya no hay un pedazo
para un beso en ese vientre,
cuando ya no le divierte
la música de esa fiesta
se larga, cierra la puerta
y dice adiós… para siempre.

CUANDO

El día que nadie quiera
disfrutar de mis poemas,
cuando no quede una pena
que remover con un verso,
cuando nadie tenga un beso
para ofrecer boca a boca,
cuando la piel de mi loca
deje de sudar espeso,
cuando cóncavo y convexo
deje de arrancar suspiros,
cuando ya no existan nidos
donde el amor se destile,
cuando el que versos escribe
deje de escribir bonito
cuando el que vive solito
no se acompañe de un radio
o lo mantenga apagado
cuando mis versos retocen,
cuando los que me conocen
no me hablen de poesía,
cuando no haya melodías
que recuerden tiempos idos,
cuando no exista un amigo
con una dedicatoria,
cuando el velo de la novia
ya no cubra su inocencia,
cuando el amor se haga ciencia
y haya que calcularlo
cuando ya no quede un lago
que el hombre no contamine,
cuando no queden misiles
asesinando inocentes,
y mueran los presidentes
que están acabando el mundo,

cuando dos cuerpos desnudos
no sean un verso sudado,
cuando los enamorados
se vuelvan código en chat,
cuando el gorrión que se va
no vuelva jamás al nido
cuando en pueblos y caminos
de esta Venezuela mía
nadie hable de poesía
porque le parezca cursi,
cuando el marido no abuse
de la mujer que lo ama
cuando ya no existan camas
para un amor clandestino,
cuando duerma cada niño
con su estomaguito lleno,
cuando alguien ponga el cielo
a los pies de una mujer,
cuando el mundo vuelva a ser
tranquilo, dulce y silvestre,
cuando Dios bendiga el vientre
que concibió un nuevo ser
ese día, Dennys Garcés
descansará para siempre.

CRIATURA DE DIOS

Yo bendigo esta costilla
que le estoy quitando a Adán,
de esta costilla serán
todas las cosas benditas
que harán la tierra bonita
como rosa de un rosal.
De su vientre brotaran
como un manojo de espigas,
hijos, que serán semilla
que el hombre habrá de sembrar,
mujer, tú habrás de llenar
el planeta con tus frutos,
¿Tu misión? Poblar el mundo
te está prohibido odiar,
a tus pies siempre tendrás
del hombre la pleitesía,
el sufre de hipocresía
de eso, te has de cuidar,
cuando te proponga amar
podrás amar sin reservas,
cuando amando alguien te hiera
síguelo amando en sus hijos
Adán, siempre se ha creído
que él es una gran cosa,
si el loco te da una rosa,
te va a pedir algo a cambio,
él es un tanto ordinario
y no dará nada por nada,
naces para ser amada
pero tú habrás de enseñarlo,
tu nombre yo te le he dado
letra a letra para el verso,
el poeta sabe de eso,
su voz, lo hará más bonito,

la M viene de mito,
de mito estarás rodeada,
la U de ubre cargada
de leche para tus hijos,
la J la he concebido
para el juglar que te cante
la E lo más elegante
que para ti he concebido,
la R será el sonido
que roerá tus orgasmos,
Mujer, vocablo sagrado
que adornará las canciones
que hablen de tus amores
y que para ti se escriban.

Mientras tanto, desde arriba
desde donde te he creado,
yo lavaré tus pecados
cada vez que amando peques,
ten cuidado, muchas veces
el hombre, como es impío
puede alimentar sus bríos
contra mi obra más bella,
si es así, alguna estrella
habrá que a mí me lo diga
y te lo juro hija mía
por mi nombre que es sagrado
y por mi madre ya muerta,
que acá en mi reino no entra
si te levanta una mano.

CUANDO LA SANGRE DEL PUEBLO

Cuando la sangre del pueblo
tiñe las calles de rojo,
cuando el llanto es de los ojos
de una madre o una viuda,
cuando el sudor que se suda
sabe a la sal del Caribe,
cuando el verso que se escribe
solo rima con tristezas,
cuando estalla en la cabeza
la bala de un asesino,
cuando se pierde el sentido
a los pies de los marchantes,
aunque todo el mundo cante
El Gloria del Bravo Pueblo,
la voz de Dios en el cielo
se hace nudo en la garganta,
la canción que no se canta
se nos ahoga en el pecho,
se torna infinito el trecho
entre el sueño y la esperanza,
todo el asfalto no alcanza
para aferrarse a la vida,
se siente que nos arruinan
la patria de hijos y nietos,
para la cuenta es un muerto
que cayó en cualquier esquina,
aunque una madre allá arriba
en la puntica del cerro,
llore por el hijo tierno
que hoy no va a dormir en casa,
hay una viuda que abraza
la soledad de sus hijos,
el padre que siempre dijo
"El mundo es de los valientes"

Travesuras en la mente
de su maestra de escuela.
La que pintó en acuarelas
cien mil promesas benditas
de una patria bien bonita
que se llama Venezuela.
Cuando la sangre del pueblo
se riega por esas calles,
no me enseñen un cadáver
sin nombre y sin apellido,
no digan, ha fallecido
porque Dios así lo quiso,
Dios no pide sacrificios
que huelan a pavimento,

No fue Dios el que hizo el cuento
del que muere por la vida,
cuando te han hecho una herida
a traición en plena frente
esta patria, sufre y siente
que le arrancaron un hijo,
Bolívar siempre predijo
la furia de los cuarteles,
pero es el pueblo el que muere
cuando un soldado agoniza,
por eso, cuando la brisa
borre mis últimas huellas,
cuando se vuelvan quimera
los sueños que siempre tuve,
cuando esté contando nubes
con mi mirada postrera,
si estoy tendido en la acera
que nadie me mueva el cielo,
que en ese mi último vuelo
si ven que a ese cielo subo,
me dejen besar mi escudo

porque por el he vivido,
que alguien entone el himno
como lo aprendí en la escuela
y busquen esa bandera
que a mí me dejó Miranda
y la ponen en mi cara
porque si muero, es por ella.

DÍA DEL NIÑO

Cada día del calendario
tiene que ser día del niño,
día de darle cariño
día de entibiar su mano,
día de estar a su lado
dibujándole senderos,
día de decir te quiero
me tienes muy orgulloso,
tú eres lo más valioso
que Dios le ha dado a mi vida,
cada vez que se lo digas
el graba en el subconsciente
si aún lo cargas en vientre
dile, te estoy esperando,
eres mi como y mi cuando
y la razón de mi vida
cada vez que lo bendigas
Dios lo bendice contigo,
será tu mejor amigo
siempre que crezca a tu lado
nace porque tú has amado
y es amor lo que merece.
Día del niño que crece
en un pupitre de escuela,
si tú estás, tendrá lonchera
tendrá pan y tendrá jugo,
no velará el desayuno
del amigo en el recreo,
no tendrá un presente feo
ni un futuro impreciso,
tendrá techo y tendrá piso,
juguetes, cobija y cama
si tú estás tendrá un mañana
con su toga y su birrete,

si tú estás será valiente
no le temerá a la vida,
si lo atormenta una herida
se la curara solito.
Un niño es un angelito
que Dios ha enviado a la tierra
para que toda pareja
le ponga a su amor un broche,
te necesita en la noche
cuando su cuarto se llena
de hadas, duendes, doncellas
y hasta de monstruos marinos.

Si lo has echado al olvido,
si lo has dejado a su suerte,
es una nave al garete
en mitad de la tormenta,
si algún día te lo encuentras
pídele a Dios que te salve
de que sea en Sabana Grande
vendiéndote una estampita,
lástima, vida bonita
la que tú has podido darle,
pero si lo hayas ya grande
convertido en bachiller,
si alguien lo enseño a querer
sin rencores, sin desaires,
si no se te murió de hambre
de fiebre, de frio o de sed,
si jamás se atrevió a oler
los olores de la calle,
si aún está limpia su sangre
y no hay huecos en su piel,
es porque hubo una mujer
convertida en padre y madre.

EL ÁNGEL QUE VOY A HACER

El ángel que voy a hacer
dijo Dios, aquella tarde
será hembra, será madre
y simplemente mujer,
voy a sembrarle en la piel
amor a tiempo completo,
será princesa en los cuentos.
La rosa para el clavel,
será fuego si hay que arder
y justo en esos momentos.
Tendrá los poros abiertos
para sudar el placer.
El ángel que voy a hacer
tendrá un cuerpo tan divino,
que de él saldrán los hijos
que poblaran el Edén,
en su pecho ha de tener
la fuente de la ternura.
Le dará leche a la hambruna
y morbo para el placer,
será la ella de él,
será la guinda en las copas
y Adán como un mismo idiota
le pondrá el mundo a sus pies.
Al ángel que voy a hacer
le pondré en los ojos llanto,
será capaz de amar tanto
que nadie la va a entender,
esa palabra, mujer
aparecerá en los versos,
su boca podrá dar besos
y podrá brindar placer,
cuando haga el amor con él
se le sembrará en los huesos,

y ella se valdrá de eso
para hacer y deshacer.
El ángel que voy a hacer
será inmune a las heridas,
si el loco de Adán se olvida
que es mi obra predilecta,
si la ofende, la irrespeta,
la humilla y me la maltrata
verá cómo se desgastan
los dones que a él le he dado,
acabará abandonado
en el cuarto de un asilo,
sin el amor de sus hijos
solo, triste y olvidado.

El ángel que voy a hacer,
la que parirá sus hijos
la que le dará cobijo
a quien la sepa querer,
la que podrá dar placer,
la del cuerpo tan divino
la que en sus labios el vino
se ha de convertir en miel
la que amando será fiel
al hombre que ella ha escogido
desde el cielo yo le digo
yo te bendigo... mujer.

EL LENGUAJE DEL AMOR

El lenguaje del amor
se habla a cinco sentidos,
es un río que va al oído
y nace en el corazón
no precisa traducción
pues lo entiende el mundo entero,
dices en Japón te quiero
y viaja en alas del viento,
la vida te lo hace un cuento
y te lo graba en tu historia,
se adormece en la memoria,
en piel, cuerpo y corazón
y un buen día una canción
que nació como un poema,
lo devuelve ya sin penas
solo con bellos recuerdos,
los besos que un día nos dieron
se vuelven mudos testigos
de la miel que un día bebimos
cabalgando un par de labios,
un día oyes un te extraño,
la piel te vuelve a sudar
y el corazón que no está
dispuesto a morir de infarto,
se declara en desacato
e intenta... volver a amar.

EL PUPITRE VACÍO

Hoy en mi salón de clases
hay un pupitre vacío,
y yo te imploro Dios mío
que no se haya tropezado
con una bala asesina,
que esa marcha por la vida
o por la muerte a la que fue,
no lo vaya a devolver
en hombros de sus amigos,
que no se rieguen sus libros
ni sus ideas en la calle,
que no se quede en el aire
Dios mío, tanto futuro,
el acto en que ya no estuvo
la toga que nadie plancha,
el birrete que no alcanza
para cubrir su cabeza,
la agonía, la tristeza
y ese título In memoriam
tanto prócer, tanta historia
tanta consigna olvidada
y tanta foto llorada
en el álbum de la novia.

Hoy en mi salón de clases
no hay nadie, faltaron todos,
cada quien llevó sus ojos
a llorar a un funeral,
cayó por un ideal
por su patria y su bandera,
quiso pintar Venezuela
con los colores primarios
hoy un Cristo y un rosario
sirven de marco al cortejo,

ese pedazo de suelo
por el que ha dado la vida
es el mismo que Bolívar
se le entregó en cuerpo y alma
por el que murió Miranda
por el que se inmoló Rivas
y aunque una lágrima viva
ruede sobre ese estandarte
tricolor que es mi bandera
mientras viva Venezuela
que vivan los estudiantes.

ESPIGUITA DE GERANIO

Espiguita de geranio
que todo el año florece,
sonrisita cascanueces
que hoy llegas a los quince años,
cencerro de mis rebaños
aroma de campo fresco,
dulce silbido que el viento
entre las palmas esboza
mi princesa caprichosa,
larguirucha consentida,
quince añitos de tu vida
los has vivido en la mía
compas en mis melodías,
verso a verso en mis poemas,
por eso esta noche llena
de vals y sonrisas tuyas
que Dios nos dé un aleluya
por los años venideros,
cualquiera que sea el sendero
lo he de caminar contigo,
yo seré siempre testigo
de cada logro que alcances
yo estaré en cada frase
bonita que se te escriba
mi princesa consentida,
mi besito a flor de labios
esta noche en tus quince años
que el mismo Dios te bendiga.

FRANJA DE GAZA

Allá en la Franja de Gaza
se escucha el llanto de un niño
porque hoy han amanecido
su padre y su madre muertos,
hay un vecino sangriento
negándose a comprender,
que ese pueblo de Israel
y el pueblo de palestina,
son fruto de una semilla
que Dios puso en el desierto,
que cuando hay que contar muertos
Dios llora allá en las alturas,
en esa franja la hambruna
camina de punta a punta,
por qué no les mandas frutas
en vez de enviarle cohetes,
hay civiles inocentes
muriendo por tus locuras,
basta ya de sepulturas
y de lágrimas caídas
Dios nos ha dado la vida
y es él quien debe quitarla,
cada misil que tú mandas
a cruzar esa frontera,
nos llena la primavera
de rosas y flores negras,
matas niños en la escuela
y fieles en las iglesias,
en esa franja comienza
y crece el amor de Dios,
por qué no escuchas la voz
que te grita desde arriba
que esa franja Palestina
se merece un mes de agosto,

de amaos unos a otros
como dijera el maestro,
que cada perrito muerto
deja un niño sin mascota,
que en cada ventana rota
se muere un nido de amor,
que estás matando al cantor
que hasta anoche hacia canciones,
hay que inventar oraciones
para niños en la playa
que asesinaste a mansalva
como un vulgar asesino,
bravo pueblo palestino
enarbola tu estandarte.

Que el coraje sea tu himno
resiste con heroísmo
que Dios está de tu parte.

LAS FAUCES DE LA QUEBRADA

Que puede sentir un hombre
cuando ve que una quebrada
se lleva en la madrugada
sus sueños, quien sabe dónde,
que puede sentir el pobre
si su amiga la cañada,
la misma que lo albergaba
a las orillas del cauce
de pronto, le abre las fauces
como un reptil y lo traga.
Que puede sentir quien nada
rio abajo tras su esposa,
el que perdió tantas cosas
en aquella madrugada,
yo creo que no siente nada
no hay rabia, solo impotencia
sobre todo cuando piensa
en tantos expresidentes
que allá lejos se divierten
viendo por televisión
a un pueblo que en su dolor
a Dios le implora clemencia.
Como se siente la ausencia
de tantos seres queridos,
la ausencia de tanto amigo,
como duele, tanta ausencia
como duele la tristeza
de tanta madre sin hijo,
tanto inocente dormido
Dios mío sin que se sepa,
donde acaba y donde empieza
el luto que hoy se ha tendido
sobre un pueblo que el olvido
le han dejado como herencia,

que se siente en la conciencia
de tanto politiquero
cuando en un simple aguacero
se van flotando los sueños
de aquel que con tanto empeño
y con tanto sacrificio
le puso a su techo un piso
y ya no hay piso ni techo.
Pero el daño ya está hecho
pronto saldrán declarando
que Dios te está castigando
porque has votado en su contra,
hermanos, eso no importa,
déjalos que en su locura.

Cien años un mal no dura
ni es eterna la paciencia,
desde hoy, otra vida empieza
somos un pueblo valiente,
somos un pueblo que siente
que es nuestro el dolor ajeno.
Demos gracias a los pueblos
que nos brindaron su ayuda,
demostremos la bravura
que en el himno nos da gloria
desde hoy comienza otra historia,
que no quede en la memoria
ni el aguijón ni la espuela,
que se abran nuestras escuelas,
que la iglesia abra sus puertas,
que entonen nuestras maestras
cien mil cantos de alegría,
que esta patria tuya y mía
renazca como ave fénix
que nuestros pechos se llenen
con la voz de la esperanza

y que allá, en lontananza
donde el horizonte alcanza
la puntica de una estrella
o de una luna creciente
que el mundo entero comente
lo grande, que es Venezuela.

MANUELITA

Manuelita, Manuelita
Escudo de libertad,
Bandera de llano abierto
Amante de libertad.

Bajo el cielo azul quiteño
donde el pan sabe a sudor,
allí nació Manuelita
fiel monumento al valor,
libertadora su estampa,
la república su Dios
desde el llano hasta la pampa
su patriotismo sembró.

Dejó la luz de su estrella,
hasta un marido dejó
por pisar la misma huella
que piso el Libertador.
Injusta te fue la historia,
injusto el historiador
pues sin haber sido novia
tu nombre es culto al amor.

Manuelita, Manuelita
Escudo de libertad,
Bandera de llano abierto
Amante de libertad.

MUSA DE LARA

Hay quien le canta al crepúsculo
a tu cuatro y tus corrios
y a los tantos amoríos
que inspira tu atardecer,
a tu alma cantarina,
al brillo de tus capachos
a tus hombres, tus muchachos
y al beso de una mujer.

Al llanto de aquella estrella
cantó el maestro Carrillo
y desde entonces el brillo
de esa estrella no cesó,
a un golpe de tamunangue
bajo un cuero de tambora,
pa´ti Divina Pastora
siempre hubo un compositor.

Y yo al cantarte me siento
como el poeta de ayer,
que bordaba en un papel
un soneto o una canción,
y es que tu Barquisimeto
eres toda devoción,
mi oración y mi añoranza
mi musa y mi inspiración.

NUESTRO FRUTO

Son las cosas como estas
las que me llevan a ver
que en el mundo la mujer
nació con la cruz a cuestas,
si en momentos de pasión
se entregan dos corazones,
ambos llenos de ilusiones
ambos repletos de amor
por qué habrá de padecer
con todos sus sinsabores
el parto con sus dolores
solamente la mujer.
¿Cómo te sientes mi vida?
¿Te duele mucho mi cielo?
Tranquila linda, tranquila
te quiero mi amor, te quiero
y tú del dolor llorando
me dices con voz fingida
"No te preocupes mi vida
que ya se me está pasando"
Por eso en mis oraciones
pido al Espíritu Santo,
que de tu próximo parto
me deje a mí los dolores,
y luego, rezando a Dios
por haber sido tan justo,
será el niño nuestro fruto
pues lo parimos los dos.

NUNCA HABRÁ UN DÍA PARA TI

Nunca habrá un día para ti
porque todos para mí
son tus días, madre mía,
si siempre para ti llevo
en el pecho un corazón,
si eres mi única razón
si eres la luz que venero,
si tú eres mi único cielo,
si tú eres mi único amor,
yo quiero, decirte hoy,
te quiero madre, te quiero.

Nunca habrá un día para ti
porque tú mereces más,
y cuando en mi soledad,
y en mis grises ilusiones,
me acuerdo de las canciones
que cuando niño te hacia
quiero volver a esos días
y hacerte un mundo de flores.
Quiero colmarte de dichas,
quiero que en ti no haya penas,
quiero escribir un poema
inspirado en tu sonrisa.

Recuerdos solo me quedan
de cuando en mi blanca infancia
me arrullaba en tu fragancia
fragancia de luna llena,
fragancia de madre noble,
fragancia de madre buena,
fragancia de madre pobre
fragancia de madre tierna,
por eso madre, por eso
nunca habrá un día para ti.

Si tú te sientes feliz
porque todo el año es vuestro
si yo contento me muestro
cuando te veo sonreír,
si amándote he de vivir
si pensando en ti me acuesto,
entonces, cuando despierto
más necesito de ti.
Nunca habrá un día para ti
pues todo el año te quiero,
nunca habrá un día para ti,
porque te amo eternamente,

Nunca habrá un día para ti
para pagar tus desvelos
nunca habrá un día para ti,
pues mucho más te mereces,
y venerándote así,
dejo este beso en tu frente
soy el fruto de tu vientre
y ese vientre es mi raíz.

ORACIÓN DE NAVIDAD

Padre nuestro redentor,
una vez más, navidad,
de nuevo la humanidad
espera tus bendiciones,
se llenan los corazones
de sentimientos bonitos,
las luces, los arbolitos,
flores, guirnaldas y rosas
y yo, pidiéndote cosas
que se no vas a negarme,
pasa por los hospitales,
bendíceme a mis enfermos,
a mis amigos galenos
dales la sabiduría
que alivie tanta agonía
y sane tanto infortunio,
borra los odios y orgullos
que carcomen las naciones,
baña con tus bendiciones
a tanto dulce ancianito,
consérvamelos sanitos,
ellos dejaron la vida
en mil batallas vividas
pero muy bien batalladas,
a la mujer mal amada
dámele un hombre valiente,
un hombre que la respete y
y que no me la maltrate,
un hombre que tenga aguante
para formar bien sus hijos,
que no los eche al olvido
ni los deje en manos de otro,
a esa palabrita, aborto
bórrala del diccionario,

que eso es un mal necesario
lo dijo algún asesino,
nadie es dueño del destino
de un ser que aún no ha nacido,
señor, dale al detenido
la claridad necesaria
para entender que no hay nada
que se iguale a un hombre libre,
al juez, dámele el calibre
para medir la justicia,
calma un poco la codicia
de los que tienen de sobra,
aclara un poco las sombras
señor, de la dirigencia.

El pueblo tiene paciencia
más la paciencia se agota,
cuando el ciudadano vota
está esperando algo a cambio,
espera comer a diario,
espera estudiar tranquilo,
que le respeten la vida
y le disipen temores
espera tiempos mejores,
tiempo mejor, hay que darle,
señor, dale al estudiante
el hambre de aprender cosas,
al poeta, dale prosa
para escribir cosas bellas,
si alguien te pide una estrella
mi Dios, dásela enterita,
señor, a cada viejita
un hijo que la consienta
un hijo que esté pendiente
que ella existe y que respira,
que a cada instante le diga

te quiero mucho viejita,
señor, yo sé que esta lista
tan larga que yo te pido
para ti es pan comido
eres un padre paciente,
dámele al que sufre y siente
recompensa a lo sufrido
y dámele padre mío
mucho amor, a los presentes.

POR SER MUJER Y SER MADRE

Cuando una mujer es virgen
en el cuerpo se le notan
las alas de una gaviota
que va surcando el Caribe,
cada pasito describe
como el vaivén de las olas,
los pétalos que le afloran
como un rosal en capullo
y ella, con ingenuo orgullo
nos muestra su fauna y flora.
Después, me la hacen señora,
se baña en los manantiales
de un hombre que ofrece darle
su existencia en cada beso,
segrega jugos espesos,
se duerme, en el pecho amado,
sabe que tiene a su lado
a aquel que puede brindarle,
las más bellas de las tardes,
las noches más lujuriosas
y mil mañanas hermosas
entre detalle y detalle.
Cuando una mujer es madre
se alargan sus calendarios,
veinticinco horas a diario
se nos mantiene despierta,
nunca más cierra la puerta
suspira por otro olfato,
su reloj se hace silbato
que pita en cualquier momento,
se vuelve amigo discreto
que esconde con picardía,
la pequeña poesía
que se encontró en un bolsillo,

disfruta guardando grillos
sin saber por qué lo hace,
en su bolso se deshacen
dos galletas, tres pelotas,
las trenzas para unas botas,
un carrito de bomberos
la foto de un pelotero
y una libreta de notas,
donde alguien a diario anota
te quiero mami, te quiero.
Finalmente, se hace abuela
la artritis de sus rodillas
se vuelve cómoda silla
donde caben cien mil nietos.
Sus brazos se vuelven puerto
donde anclan las alegrías
de recordar cada día
un viejo amor que no vuelve,
bajo la almohada aún tiene
alfileres de pañales,
vive limpiando cristales
donde aún divisa el pasado,
en un cofre están guardados
cuatrocientos mil recuerdos,
rosarios blancos y negros
y un álbum que a diario abre
para leer cada tarde
viejas cartas del abuelo,
por eso, esta noche quiero
que usted mi querida amiga
este poema reciba
como un gran ramo de rosas,
la quiero ver siempre hermosa
que sus hijos y sus hijas
le agradezcan tanta vida
que ha dedicado a mimarles,

que me le den mil detalles
y que Dios desde allá arriba
les de la luz que ilumina
a sus hijos predilectos
que me le digan sus nietos
que viven para adorarle
si quiere bailar, que baile
hoy es la más consentida
permítame una mejilla
señora para besarle
por ser mujer y ser madre
que el Señor me la bendiga.

QUE DIOS BENDIGA A LOS PADRES

Que Dios bendiga a los padres
que bajo ningún motivo,
han permitido que un hijo
se les acueste con hambre,
una gota de tu sangre
Dios le puso en sus venitas,
los rasgos de su carita
son tuyos, la mayor parte
entonces, por que negarle
el derecho a que en su mesa
en vez de cenar tristezas
tenga el cereal favorito,
por qué dejarlo solito
cuando es tan largo el camino
por qué dejar que un amigo
este ocupando tu espacio,
por qué negarle ese abrazo
que el tanto necesita,
benditas sean sus manitas
cuando en su oración te incluye,
mientras tanto, tú le huyes
porque tenerlo a tu lado
es inmiscuir tu pasado
en la paz de tu presente,
bendito el padre consiente
que recurre a los consejos
que recibió de su viejo
cuando era un adolescente,
bendito el padre que advierte
que su hijo necesita,
ponerse ropa bonita,
ir a un colegio decente,
manojos de buena suerte
para que un padre postizo

no desvanezca el hechizo
de una infancia venturosa,
bendito el padre que goza
cuando su hijo saca un veinte,
el que desvía la corriente
si esta puede ahogarle un hijo,
bendito el que Dios le dijo
creced y multiplicaos,
bendito el que vence el caos
de una familia marchita,
y aquel, el que necesita
que le den cien mil razones
para mandar las raciones
de estudio, casa y comida,
el que cualquier medicina
que mande, la manda tarde,
el que es tan cruel y cobarde
que entre mentira y mentira
siempre impone sus razones,
el que un tribunal le impone
pensiones que nunca cumple,
aquel con quien jamás surten
efecto las citaciones,
el que las obligaciones
no le arrugan la cobija,
el que tiene hijos o hijas
con distintas direcciones,
que el mismo Dios lo perdone
y su madre, lo bendiga.

QUIERO

Quiero saber lo que piensa
cada hombre de mi pueblo,
quiero un pensamiento bueno
por cada niño naciente,
quiero que el que sufre y siente
aprenda el arte de amar,
que aprenda el hombre a educar
y el niño a ser educado
y aunque es querer demasiado
quiero conocer la paz.

Quiero mi sangre patriota,
respeto sangres realistas,
quiero por cada escuelita
una luz, un niño, un genio,
que en cada letra haya un Bello,
en cada mente un Bolívar,
en cada brazo un Cedeño,
en cada hombre fe viva
en cada mujer la vida
y en cada niño mi pueblo.

Quiero sentir que mi patria
se hace fuerte con los años,
que no haya poder extraño
que su libertad le prive,
quiero ver que el campo escribe
y que le entienden lo escrito
que no se ahogue ni un grito
en la garganta del pobre
y que una herida se borre
de las costillas de Cristo.
Quiero mil madres sonrientes
por parir mil buenos hijos,

quiero sentir el cobijo
de una mujer que no miente,
quiero contra la corriente
nadar mil ríos crecidos
quiero saber si ha nacido
hoy un genio de mañana,
una luz venezolana
que nos alumbre el camino.

Por querer tanto que quiero
yo no sé si quiero bien,
si es cierto tanto querer
o imposibles tantos quieros,
pero si el mundo que espero
queriendo lo puedo hacer
te invito a querer también
y formaremos un cielo
donde aprendamos un quiero
y enseñemos un querer.

RELICARIO DE BESOS

Cuantas veces te diría
de niño, no tengo tiempo,
y hoy, lo que me sobra es tiempo
hijo mío, para extrañarte,
cuantas veces te sentaste
agobiado en mis rodillas
y yo te busqué una silla
para conversar conmigo,
cuantas tardes de domingo
en vez de llevarte a un parque
le robe tiempo a esas tardes
para un trabajo importante
un trabajo interesante
que nunca entendiste tú,
en el cielo cuanto azul
dejé de observar contigo
por acompañar amigos
que ya ni siquiera existen,
cuantas veces te metiste
en mi cama a medianoche
y luego de mi reproche
regresaste a tu almohada
sin el beso que buscabas
y no me acorde de darte,
hoy vives en otra parte,
tan lejos que tu papá
se ha convertido en WhatsApp
y mensajito de texto,
una foto de los nietos
y bendición a distancia,
por acá la vida pasa
casi igual pero sin ti,
yo, dedicado a escribir
porque me apasiona hacerlo,

Venezuela sigue siendo
el país que un día dejaste
y dos bandos se reparten
como propiedad absoluta,
hijo, no te olvides nunca
que acá siguen tus raíces,
esta carta te la hice
para que tengas presente,
que acá se quedó tu gente
echándote bendiciones,
sigue la guerra de leones
y sus eternos rivales,
acá hacemos malabares
para vivir en tu ausencia,
no hay ninguna diferencia
entre amarte y extrañarte
pero ganas de abrazarte
me están llenando los huesos.
Hijo, recibe mis versos,
recibe mis oraciones,
recibe mis bendiciones
y un relicario de besos.

RONDA DE AMOR

Por qué la tratas tan mal
si lo que ha hecho es amarte,
cuando tú la enamoraste
le dijiste que tú eras,
el que pondría las estrellas
a sus pies, todos los días,
le dijiste que tendrías
cada día para ella
una canción, una estrella
y un poema bonito,
que pondrías un pedacito
del cielo en sus bellos ojos,
que para el tus antojos
serían como una orden,
le dijiste, soy el hombre
que Dios creó para ti,
que la ibas a hacer feliz
mientras te quedara aliento
que tendrían hijos y nietos
y el amor como estandarte,
que el mejor de los amantes
serías allí en su cama,
que ella sería tu dama
y tu su real caballero,
que cada día un te quiero
seria los buenos días,
y que rosas le darías
cualquier día y cualquier fecha,
ahora la ves mal hecha,
te burlas de sus ojeras,
que brotaron en la espera
las noches que no llegaste,
¿Qué está gorda? la preñaste
tantas veces que su piel,

jamás volverá a tener
la frescura que tenía,
dices que tiene manías
y es adicta a la limpieza,
cuando al principio era esa
la mayor de sus virtudes,
que a veces se te sacude
y no te tiene paciencia,
se harta de tu inconsciencia,
de tus gritos y tu histeria,
la gente se burla de ella
cuando te ven en la calle
agarradito del talle
de una veinte años menor,
que te hace sentir varón
que te dice que te ama
y te jura que en su cama
jamás probó algo mejor,
lo mismo se lo juró
al ex que aún la visita,
es joven, bella, bonita
y en verdad entre las dos
se tiene que ver mejor
la juventud es gran aliada
Aún no tiene papada,
tiene todo en su lugar
su belleza es tan irreal
que parece dibujada,
tu esposa está enamorada
de tus canas, tus arrugas,
hasta las ve interesantes,
ya no eres el mismo de antes,
el pelo se te ha caído,
lo demás se caerá,
y ese día descubrirás
que tú joven golondrina,

te está llevando a la ruina
y te estás quedando solo,
tus hijos lo tienen todo,
tal vez, otro se lo ha dado,
otro hombre hoy está acostado
en la cama que compraste
y el maravilloso amante
no es más que tiempo pasado,
el amor, no se ha inventado
es una creación de Dios,
y está dentro de la flor
que obsequia un enamorado,
el que ama no es esclavo,
el amor no es un castigo
es ser el mejor amigo
de los hijos y la esposa,
es sentir las mariposas
que al principio se sentían
y es su cara de alegría
cuando recibe tus rosas.

SE HA MARCHADO JUAN GABRIEL.

Se ha marchado Juan Gabriel
el del morral de canciones,
el que tantos corazones
le deben algún idilio,
el poeta más sencillo,
el de la voz melodiosa,
el de la canción hermosa,
el del alma enamorada,
el que en tantas madrugadas
nos acompañó un despecho
se fue el que a punta de versos
nos endulzaba una copa,
se fue como una gaviota
sobre el mar de sus canciones.
El de las composiciones
que descomponían el alma,
el hombre que enamoraba
con sentimientos ajenos,
se fue porque allá en el cielo
programaron un concierto,
y en ese programa Alberto
era el broche que esperaban,
al piano Agustín Lara,
Javier Solís en el coro
y tal vez buscando el modo
de que los ángeles canten,
esta noche allá en el cielo
servirá de telonero
hasta el mismo Pedro Infante.
Se ha marchado Juan Gabriel
como hoja que lleva el rio,
allá arriba dos rocíos
que tienen tiempo sin verlo,
sirven dos copas de añejo

para beber como nunca,
La Jurado y Rocío Durcal
ensayan para esta noche,
los tres harán un derroche
de magia y melancolía,
van a llover melodías,
habrá nostalgia en el cielo,
el mismo Dios saldrá a verlos
y aplaudirá los compases,
cuando arranque ese mariachi
con notas de amor eterno.

SALDO DE VIDA

Los años que se han vivido
se van cargando en la espalda,
cuando la vida es muy larga
se va borrando el camino,
recogen huellas los hijos
que el viejo ha ido dejando,
las venas hinchan las manos
o las secan los recuerdos,
los amigos van muriendo
y nos van dejando solos
se van cerrando los ojos
cansados de tanto ver
hablamos siempre de ayer,
mañana, solo Dios sabe
en las rodillas nos caben
todos los nietos del mundo,
si hemos sido vagabundos
de la mente no borramos
alguna mujer que amamos
o que nos amó algún día,
si hay una tristeza es mía
si hay una alegría la damos,
de vez en cuando lloramos
sin que sepamos por qué,
para una bella mujer
siempre nos queda un suspiro,
es poco lo que dormimos
hay que estar siempre despiertos
por si llegara el momento
de recoger las amarras,
si alguien rasga una guitarra
aunque la toque un muchacho
recordamos a los Panchos
y su rayito de luna,

allí es cuando el nieto jura
que ya el abuelo delira,
son tantas las despedidas
que en esta vida hemos hecho,
que no nos cabe en el pecho
la tristeza y la nostalgia,
en el bolsillo una Viagra
hay que esconder por si acaso,
siempre nos sobra el espacio,
cada día hay menos recuerdos,
ya no decimos te espero
aunque esperemos abrazos
ya están cansados los brazos.

La artritis se adueñó de ellos
el talco nos blanqueó el pelo,
el ungüento las rodillas,
alguien nos trajo una silla
en no sé cuál día del padre,
para que quieren que hables
si casi nadie te escucha,
si tienes suerte la angustia
tiene casa y tiene cama,
pero si nadie te ama,
si ya volaron tus hijos
si tus yernos no han podido
quererte aunque sea un poquito,
te vas quedando solito,
el mundo se te hace inmenso,
se te vacía el pensamiento
o te lo llena el olvido,
y cuando el tiempo vivido
se llena de años bisiestos
cuando ya ni entre los nietos
puedes hallar un amigo,
cuando Dios ha decidido

que ya se cumplió tu tiempo,
cuando ya en cualquier puerto
no eres más que un barco hundido,
en la cama de un asilo
te vuelves, soplo en el viento.

SI YO LLEGARA A EMIGRAR

Si yo llegara a emigrar
me llevaré a donde vaya,
arena de cualquier playa
de Oriente o Paraguaná,
de Lara voy a llevar
la estampita protectora
de la Divina Pastora
que me ha sabido cuidar
mi franela Cardenal,
un crepúsculo del cielo
y mi botella de suero
por si encuentro Harina Pan.
de tierras de Pariaguan,
de Apure y de Portuguesa
me llevare la tristeza
de una tonada llanera,
del Zulia una tamborera
los yoyos y las mandocas,
de Margarita gaviotas
y empanadas de cazón,
me llevaré un frailejón
del páramo merideño
para sentir que soy dueño
de aquellas cumbres andinas,
me llevaré de Bolívar
un pastel de Morrocoy
para sentir donde voy
pedazos de tierra mía,
me llevo una melodía
que huela a bosta y mastranto,
me estoy llenando el olfato
de flores de Galipán
y si me puedo llevar
lo que yo aprendí en la escuela

me llevo el Alma Llanera
para que conozca el mundo,
himno, bandera y escudo
y el nombre de Venezuela.

SIN CUNA Y SIN HOGAR

En un cuarto de hotel fui concebido,
un rato de placer y nada más,
sin cuna y sin hogar así he nacido
sin cuna, sin hogar y sin papá,
en un cuarto de hotel fui una promesa
pregunta que quedó sin responder
soy fruto de unos labios que se besan
sin pensar que el mañana ya es ayer,
los años ya han pasado, ya estoy viejo
mis once años pesan sobre mí,
no tengo mano amiga, no hay consejos
no tengo una razón para vivir,
no he tenido un maestro que me guíe
tal vez la calle ha sido mi tutor
aprendí a vivir como se vive
sin patria, sin amigos, sin amor
de que le sirvo yo a mis fronteras,
de que les sirves tú si eres igual,
de que habrá de servir mi patria entera
si yo soy el futuro, ¿Dónde va?

SI VOLVIERA A NACER

Si volviera a nacer
por Dios que yo borraría,
las horas de cada día
en que no estuve a tu lado,
borraría cada helado
que no compartí contigo,
borraría los domingos
en que no fuimos al parque,
borraría cada instante
que no te cumplí un antojo,
esa lágrima en tus ojos
que nunca pude secarte,
mi empeño por entregarte
dinero, en vez de besos,
cuando la verdad no es eso
lo que necesita un hijo,
borraría cada olvido
de alguna cita contigo,
el cuento que no leímos,
y el monstríco no espantado,
tanto sueño no velado
y hasta el recuerdo infinito
del pin pon o del pepito
que yo no pude comprarte,
borraría cada parte
de aquella lección de historia
que danzaba en mi memoria
y no compartí contigo,
borraría lo que he vivido
si te causé alguna pena,
borraría tantas faenas
que corrí en distintas plazas,
pero como la esperanza
de ser mejor no se borra,

este insomnio que hoy me agobia
y me oprime el corazón
lo uso en pedir perdón
por cada error en mi historia.

SOLO POR VERTE LLEGAR.

Lucero que en mi ventana
hace mucho tiempo estás,
por verte llegar mi niño
solo por verte llegar,
por verte llegar mi vida,
solo por verte llegar
te traje unas golosinas
y un canario de cristal,
una palomita blanca
y un beso para mamá.
Tendrá el color de tu pelo
tendrá el color de tu piel,
la misma sonrisa tuya
será la sonrisa de él,
cabalgará el mismo potro
que tanto yo cabalgué
músico, poeta y loco
y mi forma de querer.
Rayito de luz de luna
entra si quieres entrar,
pero no muevas la cuna
pues lo acabo de acostar
rayito de luz de luna
no me lo hagas despertar,
rayito de luz de luna
acompáñame a cantar
aquella canción de cuna
que le escribió su papá
con versos color de espuma
de espuma del manantial.

TESTAMENTO

Hijo.
Te regalo este país
que Bolívar me dejara,
te regalo esas curiaras
en lomos del Orinoco,
te regalo cada coco
que cuelga en cada palmera,
te dejo esa costa entera
que muere allá en Punta Playa,
te regalo la atarraya
del pescador en Mochima,
te dejo el Pico Bolívar,
te dejo el Ávila entero,
te regalo cada estero
de Apure o de Portuguesa,
te regalo la nobleza
del Cacique Caquetío,
te dejo algo que es muy mío
herencia de mis ancestros,
jagüey, conuco y cabresto
llano, horizonte y sabana,
te dejo la grey Zuliana
y el lago más majestuoso,
te dejo un país hermoso
que es sueño del inmigrante,
te dejo el dulce contraste
del crepúsculo de Lara,
una patria soberana
que en la crisis se hace inmensa
y te dejo en la conciencia,
en tu pecho y en tus manos
lo que mis padres dejaron
para mis nietos de herencia,
te dejo en el alma presa

cada letra de mis versos,
te dejo el placer inmenso
de nacer venezolano,
te estoy poniendo en las manos
cada rincón de mi patria,
cada esquina de Caracas
la estoy dejando a tu nombre,
te dejo mil ruiseñores
entre las cuerdas de un cuatro,
te dejo en ese reparto
de cosas maravillosas
orquídeas, nardos y rosas
y una eterna primavera,
te dejo el Alma Llanera
del Arauca vibrador,
te dejo hijo el mejor
regalo que alguien dejara
seis cuerdas de una guitarra
para entrelazar tus penas,
te dejo cada poema
que desde niño yo he escrito
y ese horizonte infinito
que se llama, Venezuela.

UN PEDACITO DE DIOS

Que un pedacito de Dios
baje a la tierra y se extienda
cual manto sobre la tierra
de aquel, que ha sembrado amor,
que le ablande el corazón
a aquel que arroja la piedra
poniendo pueblos en guerra
y sembrando destrucción.
que bañe la luz del sol
los más remotos parajes
que entienda el hombre que nadie
es dueño de la razón,
que hay obras que el mismo Dios
Nos legó a todos sus hijos,
La palabra de un amigo,
La caridad en su mensaje,
La lágrima de una madre
por el hijo que no ha visto,
la estrella en el infinito,
la luna, el agua, el aire
la inmensidad de los mares,
el sacrificio de Cristo,
un horizonte bonito,
la rosas cuando se abren,
la llanura echa paisaje,
la inteligencia, el instinto
y el niño que clama a gritos
le dejen ver a su padre.
Que el Padre Nuestro se grave
en la piel de aquellos seres,
que ignoran que las mujeres
son bendición de los cielos,
que en las manos del obrero
el pan se nos multiplique,

que a todo el que me critique
me lo convierta en amigo,
que no me le falte abrigo
al niño que bajo el puente
se me ha quedado indigente
sin saber, por qué ha nacido,
que al anciano desvalido
Dios me le dé una cobija,
un beso, una aspirina,
un cafecito caliente
y un lecho pa´que se acueste
a recordar tiempos idos,
que disperse la neblina
que hay en nuestros dirigentes,
que se olvidan que la gente
espera por sus promesas
que no le falte en la mesa
la hallaca al que tanto sufre
cuando se encienden las luces
que alumbran la navidad,
que Dios en su gran bondad
me bañe los hospitales,
del bálsamo que a los males
les sirva de curativo,
que proteja al detenido
que en la cárcel se nos muere
siendo el puñal que lo hiere
puñal de su mismo amigo,
señor, que no haya un marido
que a su mujer irrespete
que el hombre aprenda y acepte
que un buen hogar es el trono,
donde Dios regó el abono
para ver crecer el fruto,
al hogar donde haya luto
regálales tu palabra,

para que entiendan que nada
en esta vida es eterno
que en el reino de tu cielo
hay un lugar apartado
para todo el que ha agotado
su misión en esta vida,
señor, lo que yo te pida
en esta carta que te hago,
tú mismo lo has inspirado
y eso Señor, se agradece
dámele a toda esa gente
que por la radio me escucha
la convicción absoluta
de que estos versos que escribo
tú los dictas a mi oído
para que ellos lo disfruten,
espero que a ti te gusten
Señor, y ya finalmente
quizás siendo irreverente
por todo lo que pedí
sin pretensión de exigir
Señor, y sin ofenderte
regálale a mis oyentes
un pedacito de ti.

UNA NIÑA

Una niña es la gotita
que un pétalo hizo rocío,
fragmento de un verso mío
encerrado entre comillas,
es un lucero que brilla
en la mitad de la casa,
por donde quiera que pasa
que es mujer, ya se le nota,
es un capullo que brota
donde dos, sembraron rosas
enjambre de mariposas
persiguiendo un arcoíris,
perla que en el mar Caribe
se ha convertido en gaviota
es una lágrima rota
en la mejilla divina
de una virgen que nos mira
ofreciéndonos su manto
cuando en los ojos hay llanto
y hay una pena en el alma,
una niña es una dama
desde el momento en que nace
en sus manos se deshacen
angustias, penas, tristezas
con su sonrisa comienza
a espesarse como almíbar
el beso que se destila
desde su boca a la tuya,
su voz es canción que arrulla
pero a su oído es poema,
una niña es una gema
que mamá pule que pule
mientras que papi descubre
que él es el mejor orfebre

es como un copo de nieve
que Dios desde las alturas
deja caer por si alguna
pareja la necesita,
para blanquear la cunita,
la almohada y el mosquitero,
una niña es un te quiero
envuelto en cien mil te amos,
gotita de agua en verano
refugio en nuestros inviernos,
en otoño, hoja cayendo
del cielo a nuestras rodillas,
es una rosa amarilla
que cada vez que Dios quiera.

Aunque no haya primavera
florece para tus ojos
una niña es un antojo,
de vez en cuando un capricho,
una muñeca en el piso,
como trescientas moñeras
y solo con que ella quiera
entre una sonrisa y otra
sus alitas de gaviota
vuelan hacia las estrellas
con una sonrisa bella
columpiándose en su boca
papi se nos vuelve idiota
cuando hay que jugar con ella,
una niña es una huella
que deja Dios cuando posa
sus labios sobre la rosa,
que el mismo Dios ha creado,
es un beso azucarado
con la miel empalagosa
que se le exprime al amor

piquito de un ruiseñor,
aletear de mariposas,
lloviznita caprichosa,
escarcha sobre la flor
y es la bendición
desde el vientre de tu esposa.

UNA CARTA A PAPÁ

Papá, te escribo esta carta
que tal vez tú nunca leas,
te escribo para que veas
que sobreviví sin ti,
el beso que no te di
no se ha secado en mis labios,
mi madre se lo ha ganado
a punta de sacrificios,
no estuve cerca del vicio
porque ella no fue viciosa,
no merecía ser tu esposa,
tal vez, no estuvo a tu altura,
pero le sobró ternura
para vaciarla en mí pecho,
te cuento que me dio un techo
que aún estamos pagando,
quizás si hubieras estado
esta casa fuera nuestra,
mis cumpleaños fueron fiestas
que se han grabado en mi vida,
tuve tíos, primos, primas
que le ayudaron con eso,
me imagino que tus besos
a otros niños se los diste,
y eso no me pone triste,
a lo mejor me quisiste
pero muy a tu manera,
me quisiste desde afuera
lejos de tus compromisos,
a esta edad ya no preciso
que vuelvas, nada me debes,
ella me curó mis fiebres,
se encargó de mis vacunas,
como jamás tuve cuna

fue rico dormir con ella,
cada noche las estrellas
amanecían en mi cama,
a pesar de que no estabas
jamás me faltó lonchera,
claro que no estaba llena
pero tenía pan y jugo,
ganaba poco y no pudo
llenarla de exquisiteces,
a la escuela, muchas veces
llevé medio desayuno
pero siempre fue oportuno
el beso de ella al regreso,
disculpa que te hable de eso,
pero quería que supieras
que si hay una madre buena
es la que a mí me ha tocado,
nunca tuve Reyes Magos,
y quizás por culpa tuya
a lo mejor con tu ayuda
distinta sería la historia,
desde que tengo memoria
la vi luchando a ella sola,
no estoy reclamando ahora
lo que un día me negaste
te escribo para desearte
repleto el pecho de orgullo,
que todo este mes de junio
como un rosal que florece
así, sin regarlo nadie,
celebres tu Día del Padre
como tú te lo mereces.

UN CREDO PARA CARACAS

Creo en la ciudad hermosa
Fundada en Santa capilla,
la que un día fue la villa
que tenía los techos rojos,
la que vio nacer a todos
los hombres más importantes
que dieron al estandarte
los matices de la gloria,
creo en lo fiel de la historia
que guarda tiempos distantes,
creo en la Caracas de antes
la del balneario en el Guaire
y el Paraíso sin Coquis,
la del gran café de entonces,
la del pasaje Ramella,
creo en la Caracas bella
la que el joven no conoce,
la del tranvía de Coche
y la del metro eficiente,
creo en la ciudad que siempre
tenía olor a primavera,
la de las quebradas llenas
de los pozos del Sultán,
La Caracas del refrán
y del verso a flor de labios,
la de Francisco Fajardo
la de Rodríguez y Bello
la Caracas del destello
de la Cruz allá en el Ávila,
creo en la bella sultana
de haciendas y cafetales
la Caracas del paisaje
encerrado en un Cabré,
en la Caracas de miel,

el golfeado y el membrillo
creo en el maestro Billo
y el gran Aquiles Nazoa
en la Caracas de otrora,
la del flan, la gelatina
y la plaza Diego Ibarra
la del cuatro, la guitarra
y el Merengue rucaneao,
y aunque hoy me la hayan dejado
sin creyentes en la misa
como la Torre de Pisa
a punto de derrumbarse,
creo en la ciudad donde hacen
las guacamayas su nido
en la que Bolívar dijo
su sentencia en San Jacinto,
en la ciudad que dio el grito
contra el imperio español,
en el viejo soñador
que cuenta lo que ha vivido
creo en el sueño divino
de que nos llegue en la brisa
el resurgir de cenizas
antes que llegue el olvido.

VA CABALGANDO SIMÓN

Allá va caballo viejo
galopando la sabana,
en ancas va la tonada
que cantaba el cabrestero,
Mercedes, el becerrero
y el loco Juan Carabina
lloran a lágrima viva
el verso que no se canta,
Cristal y la yegua blanca
no quieren que él se despida,
en Nueva Esparta dolida,
la luna de Margarita
sobre el Caribe se agita
con un nudo en la garganta,
ya el alcaraván no canta
a un amor enguayabao,
hasta el cuatro se ha quejao
entre el bordón y la prima,
encadenando la rima,
de luto la garza blanca
se nos cayeron las trancas
del corral de mi querencia,
arriba una luna inmensa
tonada de luna llena,
tan llena que se reboza,
ve a la vaca Mariposa
consolando al becerrito,
y en ese llano bonito
junto al jaguey que en la escuela
pintó mi imaginación
va cabalgando Simón
Mientras llora Venezuela.

VOLVER A AMAR

Si alguien te ha amado mal,
si no te dicen te quiero
si tienes tu morral lleno
de desamor y crueldad
si te arde la soledad
aun teniendo un compañero
si llegas al mes de enero
sin oler la navidad,
si hasta la infidelidad
se burla de tus te quieros
si tu cama es un potrero
donde nadie va a pastar,
si cumples año y te dan
de regalo un desconsuelo,
si no compras un florero
porque flores no te dan
no tienes por qué llorar
existe el amor y es bello.
¿Quieres que te de un consejo?
Intenta, volver a amar.

YA QUE TE VAS

Hijo mío, ya que te vas
llévate entre tus bluyines,
la bendición más sublime
que este viejo, puede dar,
no me vayas a dejar
lágrimas sobre la cama,
las lágrimas nos empañan
lo bueno que ha de llegar.
Llévate la voluntad
de hacer tus cosas bien hechas,
una dosis de entereza
que mis viejos te heredaron,
llévate hijo cada año
que a nuestro lado pasaste,
de niño siempre mostraste
que algún día volarías,
pues bien, ha llegado el día
y tienes las alas fuertes,
desde acá yo quiero verte
planeando sobre el futuro
si te construyen un muro
alza el vuelo y vuela alto,
llévate cada retrato
con fotos de la familia
porque eres una semilla
que acá deja sus raíces,
no te lleves cicatrices
ni lastres de tiempos idos
llévate en cada sentido
en tu pecho y tus maletas
los nombres de tus maestras
fotos de primas y primos.
Las frases del catecismo
que te dedico la abuela,

la noviecita de escuela,
el pana en bachillerato
llévate hijo cada rato
del desayuno en familia,
para el sol lleva sombrilla
y que se vuelva paraguas,
el azul de nuestras aguas
dibujadito en el mapa
llévate bellas estampas
de tu bella Venezuela,
pon una copla llanera
en cualquiera de tus libros,
de tantos viajes que hicimos
almacena los recuerdos.
Lleva tu primer cuaderno
porque allí nos dibujabas
y si un día la nostalgia
te pone un nudo en el alma
sintoniza mi programa
y podrás oír mi voz,
donde vayas, siembra amor
porque es lo que te he enseñado,
nunca olvides que te amo,
que aún eres mi criatura,
que Venezuela es tu cuna
y tú eres venezolano.

Y ASI EL NO NOTARA

Por favor vuelve a casa
con tu mejor sonrisa,
ensaya una palabra
y finge una caricia,
si acaso preguntara
di que estabas en misa
si te habla del perfume
te lo quitó la brisa.

Procura regresar
temprano y como siempre,
así el no notará
que estuviste ausente,
procura regresar
a casa sin ojeras,
así el no notará
en tu rostro mis huellas.

Procura regresar
sutilmente arreglada
así el no notará
que estuviste en mi almohada,
procura regresar
sin pena en la mirada,
así el no notará
que hoy te tomé prestada.

Por favor vuelve a casa
con un buen argumento,
sin mi beso en tu cara
sin mi beso en tu cuerpo
si acaso preguntara
ni hablar de nuestro encuentro
si te habla del perfume
te lo ha quitado el viento.

…Y DIOS CREÓ A LA MUJER

A usted abuela
que ha recordado amores
escuchando mis versos,
a usted que se sonroja
si digo algo travieso
pero cuando me llama
me trata como a un nieto.
A usted que cada noche
se le nublan los ojos
oyendo mis canciones,
bebiendo mis poemas
y amasando recuerdos.
A usted bella señora
que me escucha en pareja
rodeada de unos hijos
que son su privilegio
y que son la promesa
de un hombre que la adora,
de un hombre que la ama
y que me la respeta.
A usted mi bella dama
que arrastra cada día
el fruto de una ausencia,
buscando los recortes
para la guardería,
aguantando reproches
porque amó sin medidas
y que en un tribunal
busca el pan cada día
que un galán deposita
si sobra en su quincena
o es mucha su porfía.
A usted mi hermosa criatura
que empezando la cuesta

alguien le ofreció un dulce
y creyó en la promesa
alguien le dio una noche
que para usted fue bella,
el regalo que nunca
una niña se espera,
el engaño y la angustia
que en su vientre se engendra
y que al pasar el tiempo
yo se lo hago poema.
A la niña que me oye
sin entender siquiera
algunos de mis versos
pero entiende mi angustia,

Entiende mis tristezas,
entiende mi alegría
y hasta entiende mis penas
a ti mi princesita
que algún día serás madre
porque Dios te bendijo
con el toque divino
de haberte hecho mujer
de haber nacido hembra.

...Y ESE DÍA NACIÓ EL BESO

Creó Dios el Universo,
hizo montañas y llanos,
puso a volar a los pájaros
sobre las crines del viento,
para hacer más bello el cuento
pintó nubes en el cielo
hizo océanos, riachuelos
que le llevaran al mar
el agua que haría nadar
a los peces y navíos,
hizo el calor, hizo el frio
y con todo eso en sus manos
hizo a dos enamorados
y los soltó en el Edén,
hizo al hombre, la mujer
y ese día nació el amor,
dibujó un gran corazón
y se los puso en el pecho,
como aún no estaba hecho
había que hacer el amor,
les dio ternura en la voz
para susurrar te amos,
la pasión los hizo esclavos
los puso a sudar espeso,
hizo la rima, el verso
y el dulzor del vino tinto,
a él le obsequió el instinto
a ella el amor materno,
hizo rosas, crisantemos,
claveles, nardos, geranios
canciones para ir contando
las delicias de un te quiero,
les dijo, yo quiero verlos
como dos locos amando

agarraditos de manos
y adorándose en exceso,
después le puso a todo eso
el calor de mil veranos,
creó dos pares de labios
y ese día nació el beso.

…Y NOS GRADUAMOS DE AMANTES

Se encontraron sin buscarse
como se encuentran un día,
una luna amanecida
y un sol que empieza a asomarse,
el verso se hace romance,
la canción vuela en la brisa
el hastío se hace cenizas
solamente con mirarse.
Amenazan con juntarse
la pasión y la locura.
Un poeta caradura
una diosa y un bolero
esa tarde se bebieron
como dos copas de vino,
ella ya tenía un marido
que aunque dormía con ella
jamás descolgó una estrella
para calentarle el nido
su amor era amor dormido
entre el tiempo y la rutina.
No había brasa encendida
en su cama cada noche,
reproches, solo reproches
hambre y sed en todo el cuerpo
y ruinas de un amor muerto
que el padre tiempo descose.

Se encontraron sin buscarse
como en un rio dos rocas
el morbo sube a sus bocas
y en un beso se deshace
en las caderas compases
en el sudor meladura,
manjares cuando se ayuna

y el desayuno es divino,
se llenan cinco sentidos
de te quieros rimbombantes,
las caricias se reparten
de la cabeza a los pies,
¿La nota? Diez sobre diez
y no hay mejor rendimiento
cuando la fábula es cuento
y el sexo es obra de arte
en cada poro se baten
sudores a manos llenas
la canción se hace poema
no hay espera ni hay buscarte
el deseo hizo su parte
nos quedamos sin aliento,
desnudamos nuestros cuerpos
y nos graduamos de amantes.

YO TE BAUTIZO MUJER

Ella nació para ser
la luz que alumbra el planeta,
si Dios la hizo perfecta
por algo tenía que ser,
le puso en toda su piel
ungüento de meladura,
su vientre lo hizo cuna
y su pecho manantial,
de allí habrá de botar
una gran fuente de vida,
manos en forma de silla
y de columpio sus brazos,
en sus piernas el regazo
que disipa los temores,
a su lado creó al hombre
y le ordenó que la amara,
entre el corazón y el alma
colgó una lágrima tierna,
justo bajo sus caderas
el creador, puso la gloria,
por ese punto en la historia
ha habido protagonistas
ejércitos en conquista,
batallas interesantes,
y poetas delirantes
haciéndoles poesía,
le puso un par de rodillas
para atraer las miradas,
en sus ojos puso el alba
y la noche en sus cabellos,
le impregnó todo su cuello
con olor de primavera,
y al ver que su obra era
un ángel le puso piel

y a sus mejillas dio brillo,
le agregó un olor divino,
le hizo un precioso ombligo
que siempre invita al placer,
sudor con sabor a miel
y bouquet del mejor vino,
y dijo, yo te bendigo
y te bautizo… Mujer.

Índice